CATALOGUE

DES

DESSINS HUMORISTIQUES

" Hommes de Loi "

PAR

EUGÈNE COTTIN

Dont la VENTE aura lieu

A PARIS, HOTEL DROUOT, SALLE Nº 10

Le Mardi 20 Février 1900

A 2 HEURES 1/2

Mᵉ J. GUILLET	M. F. CUÉREL
Commissaire-Priseur	*Peintre-Expert*
34, Rue Baudin, 34	10, Rue Eugène-Süe, 10

EXPOSITION PUBLIQUE

Le Lundi 19 Février 1900

de 2 heures à 6 heures

CONDITIONS DE LA VENTE

Elle aura lieu au comptant.

Les acquéreurs paieront *cinq pour cent* en sus des prix d'adjudication.

L'exposition mettant le public à même de se rendre compte de l'état et de la nature des objets exposés, il ne sera reçu aucune réclamation une fois l'adjudication prononcée.

Tous les dessins seront vendus avec interdiction formelle du droit de reproduction.

Paris. — Imp. Ménard et Chaufour, 8-10, rue Milton

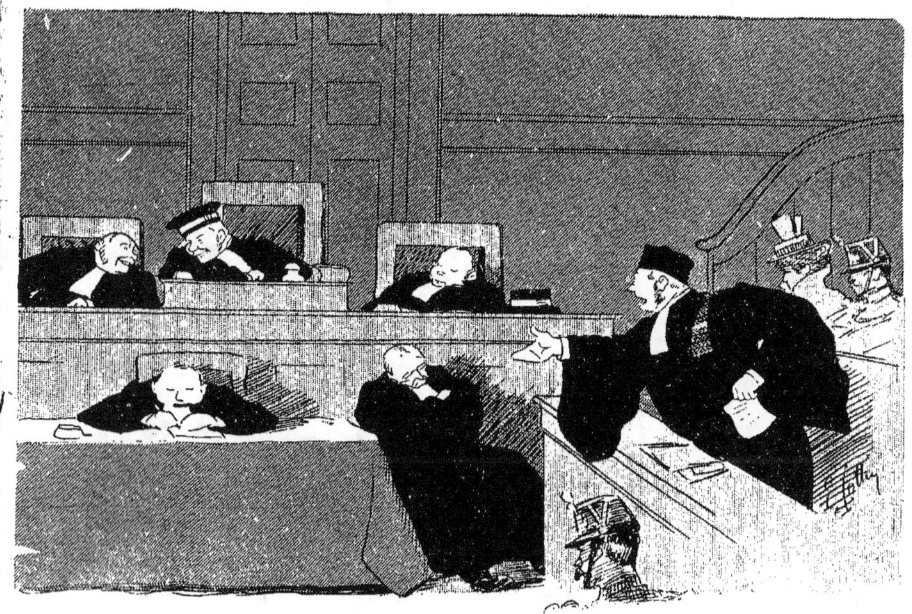

" HOMMES DE LOI "

Dessins Humoristiques

PAR

EUGÈNE COTTIN

Paris 1900

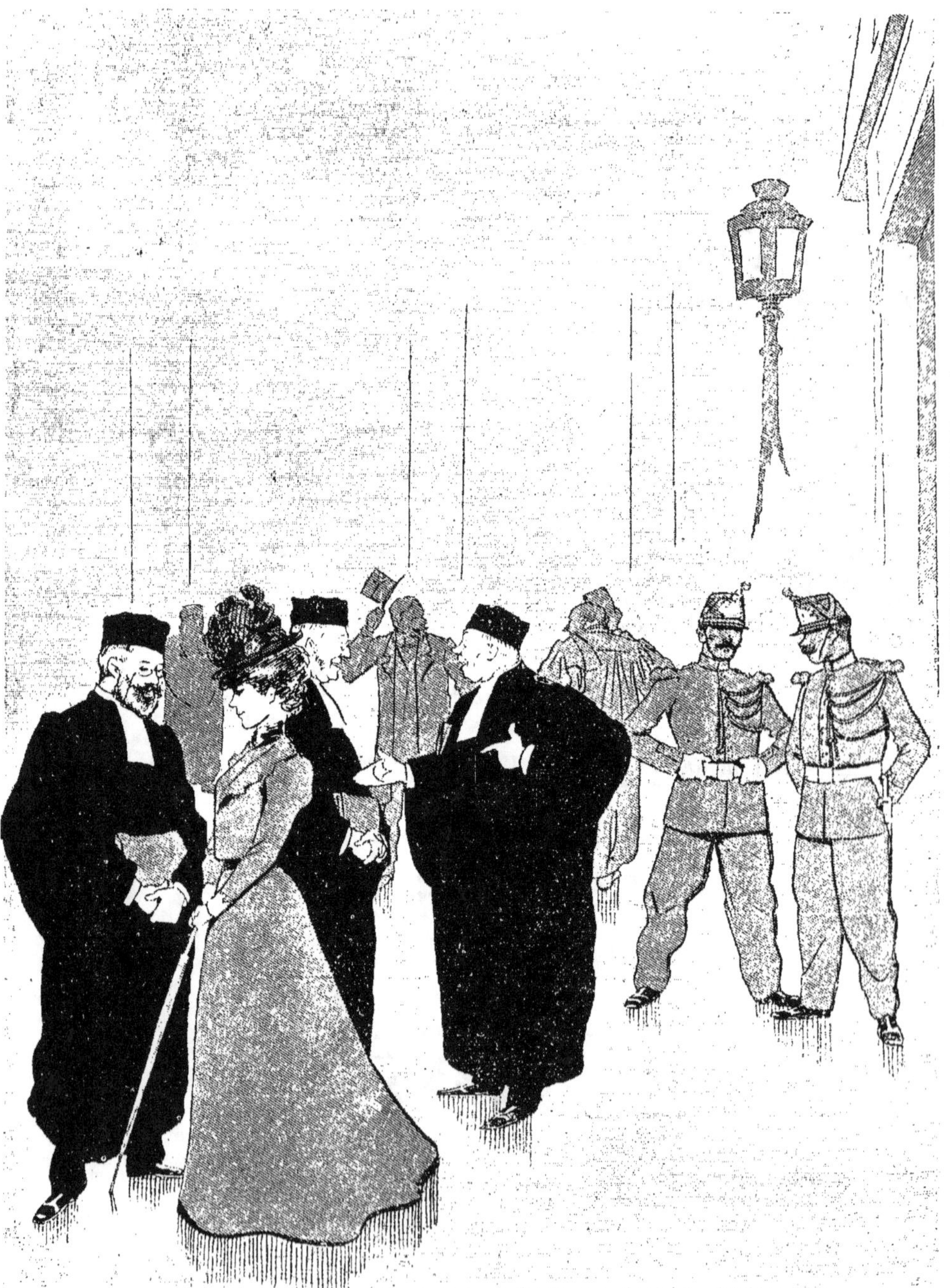

DÉSIGNATION

CE QU'ON ENTEND AU PALAIS

1 — *Tu te coiffes encore à la Saumur, toi !
C'est rococo à cette heure, c'est usé. J'colle ma
toque à la Loubet, c'est plus chic.*

2 — *Les Gros bonnets.*

3 — *Faudra-t-il que je leur fasse voir mes
culottes, aux juges ?*

4 — *Ils voudraient me faire couper dans le
pont.*

5 — *C'est comme le père Machin, tu te rappelles bien, voyons, le président de la
1*re *chambre.*

20 — *Avant la bataille.*

21 — *A la recherche de la fameuse cause rêvée.*

22 — *Pas de bêtises. mon enfant, dites bien comme moi, sans quoi vous gâtez tout.*

23 — *L'aurais-tu condamné!*

24 — *Futur ministre.*

25 — *Et qu'est-ce qu'il dit de sa veste, votre client?*

26 — *Enfin, oui ou non, l'avez vous trompé?*
— *Ça dépend de la manière de voir.*

27 — *C'est des cailloux, que t'as dans ta serviette?*

28 — *Vraiment les juges ne vous feront pas peur?*
— *Bah! je leur ferai de l'œil.*

29 — *L'embêtant, c'est que vous l'avez appelée : Vieux chameau.*

30 — *Les Ronchonnards*

31 — *C' que je les ai épatés à la 7ᵉ.*

32 — *Tiens, le vois-tu là-bas, fait-il assez la roue devant Millerand?*

    — Pour se faire décorer parbleu !

33 — *Votre droit ! votre droit ! je ne connais que ça, le droit...*

34 — *Ce qu'on rigole là-dedans !*

35 — *Comment, tu ne te rappelles pas, Poirot, ton substitut à Poitiers...*

36 — *Quelle sale époque !*

37 — *Je serai pourtant obligé de taper dessus.*

38 — *Maître Chicanousse, la gloire du barreau...*

39 — *Tu ne sais pas c' qu'on dit? Paraît que la Justice va être vendue au poids maintenant.*

40 — *Le Code n'est pas très explicite à ce sujet.*

41 — *Rien de nouveau ?*

42 — *L'Ami du ministre.*

43 — *Le Clan des avocats sans causes.*

44 — *La Raseuse.*

66 — *Une Cause sensationnelle*.

67 — *Votre profession ?*

— *...Modiste.*

— *Le Tribunal a compris.*

68 — *Taisez-vous là l'accusé, vous n'avez pas la parole.*

69 — *C' que j' faisais cette nuit-là à une heure ?*

70 — *Le Petit état-major du tribunal, avant la séance.*

Deux dessins.

71 — *Le Président. — La Séance est ouverte. Un Juge. — Aïe, mes douleurs.*

72 — *C'est notre collègue qui aura mangé des farineux.*

73 — *L'Avocat va en avoir pour 2 heures; on peut y aller d'un petit somme.*

74 — *M. le Président. — Vous avez 17 ans Mademoiselle...*

75 — *M. le Président. — Encore une feuille qui manque au dossier.*

Le Greffier. — On aura encore barbotté dans mon tiroir.

76 — *M. le Président.* — *Alors c'était pour enfiler des perles !...*

77 — *M. le Président.* — *Ne ronflez pas si fort, cher ami, on vous entend du fond de la salle.*

78 — *Pendant la plaidoirie.*

79 — *Sont-elles assez toc les femmes dans cette affaire.*

— Y a la petite cuisinière là-bas, qui n'est pas mal.

80 — *M. le Président pioche ses « attendu que ».*

81 — *Était-ce bien chez Hortense ?*

82 — *Mais il est du gouvernement.*
— C'est un imbécile...

83 — Le Tribunal délibère.

Le Président. — Il est juif, croyez-moi, acquittons-le : Comme ça ! plus d'histoires.

84 — *Le Verdict.*

85 — *A la Cour de cassation* (la Fête du Triomphe).

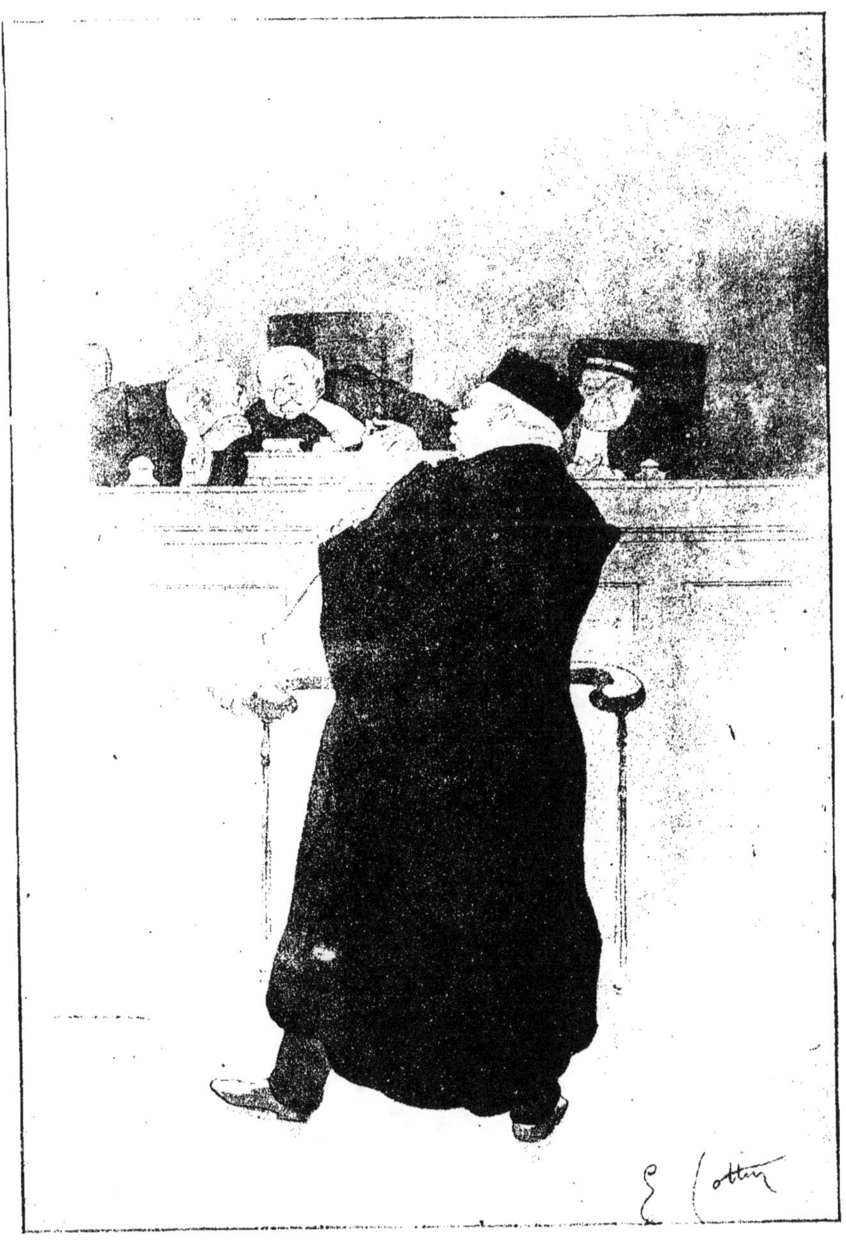

101. — *Mais voici M⁰ Bechamelle qui s'élance à la barre.*

SILHOUETTES

ET PORTRAITS DE JUGES

86 — Sous ce numéro sont compris 18 dessins
qui seront vendus séparément.

PROCUREURS ET SUBSTITUTS

87 — *Le Procureur qui bafouille.*

88 — *Grande variation sur les qui et les que.*

89 — *Le Requisitoire.*

90 — *Le Substitut.*

91 — *Encore fallait-il que vous la vissiez...*

92 — *M. le Procureur.*

93 — *Et votre conscience qui était là, muette.*

LES AVOCATS

94 — *Ce n'est pas un conseil judiciaire qu'il faut à mon client; un préservatif conviendrait mieux.*

95 — *Les Notes de la femme de chambre.*

96 — *Filles, sœur, belle-sœur de magistrats.*

97 — *Que demandons-nous en somme, le bénéfice d'un doute...*

98 — *Vous avez des preuves dites-vous!! Qu'est-ce ça prouve des preuves ?*

99 — *Et d'ailleurs, n'est-il pas évident que plus on désaltère un client, plus on altère la vérité...*

100 — *Et c'est nous, l'apôtre irréductible des immortels principes de 89.*

101 — *Mais voici Me Bechamelle qui s'élance à la barre.*

102 — *Mais revenons au fait. Qu'est-ce que l'adultère ! Messieurs! Où commence l'adultère ? Où finit-il ?*

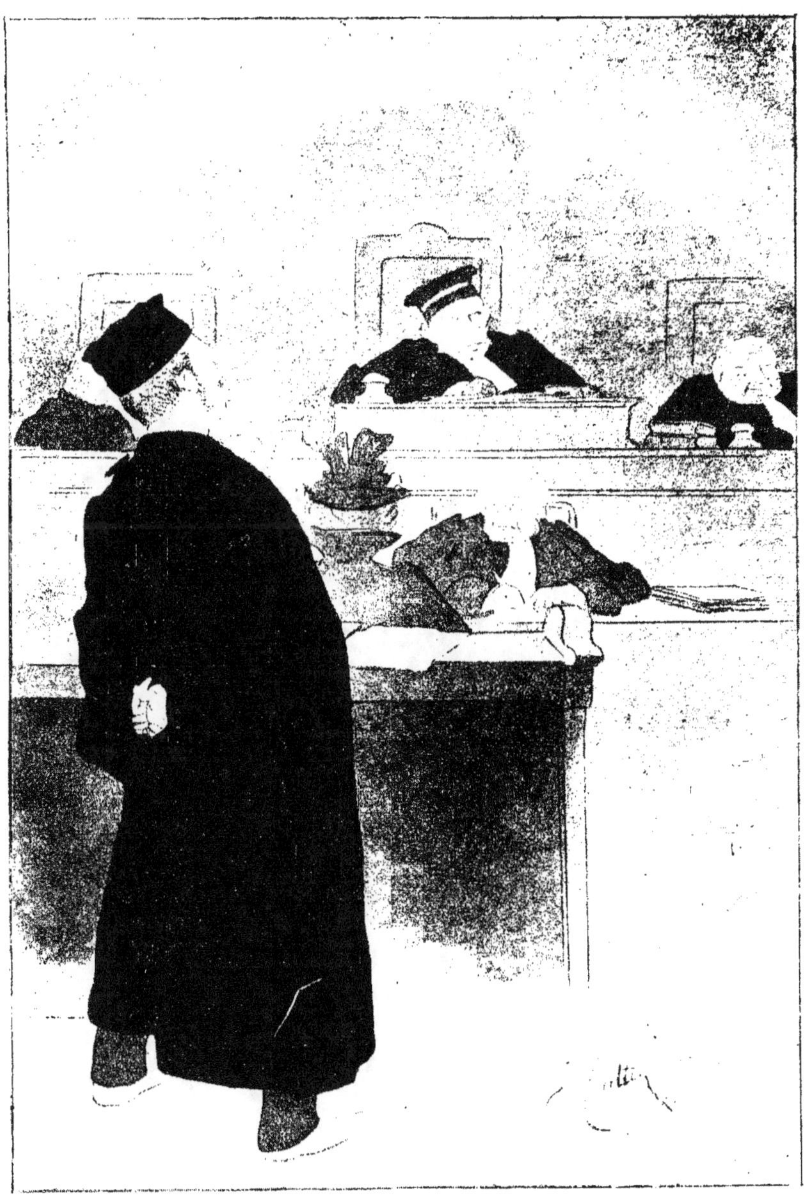

102. — *Mais revenons au fait. Qu'est-ce que l'adultère, Messieurs ?*
Où commence l'adultère. Ou finit-il ?

103 — *Se doutait-elle la malheureuse quelle allait chez un faune !!!*

104 — *Le Cas de l'ancien notaire.*

105 — *L'Illustre maître.*

106 — *En somme, quel était notre but? Faire fructifier l'argent de nos actionnaires, tout simplement.*

107 — *Le Bouchon que voilà, Messieurs...*

108 — *Évidemment, nous fûmes peut-être un peu légère...*

109 — *A la barre.*
Deux dessins.

110 — *Effet contraire.*

LES FEMMES AVOCATES

111 — *Avant le verdict.*

112 — *Non, sans blague, pas de flirt aujourd'hui mon vieux, faut que j'aille plaider.*

113 — *Quant les femmes seront avocates, elles voudront être procureuses.*

LES AGENTS

114 — *C'est bien lui, même qu'il m'a appelé...
avec récidive.*

115 — *Sans blague, c'est du jour où tu m'as
foutue au bloc que j' te gobe.*

116 — *Ah! mais non que j' rouspette pas!*

117 — *Atout et puis encore atout.*
    — *Le manifestant: Et puis à bas Panama.*

118 — *C'est la petite femme du chef.*

119 — *Les Lions du quartier.*

L'ARMÉE

120 — *Au Fort Chabrol.*

121 — *La Garde au Palais.*

122 — *C'est une noce que vous avez là-haut?*
    — *Non c'est des huissiers qui font un repas
de corps.*